# LAMMKOTELETTS AUF RATATOUILLE

➤ mediterran

Farbenfroh und würzig duftend – ein Genuss für alle Sinne

*Zutaten für 4 Personen:*

- *1 Aubergine (ca. 300 g)*
- *Salz*
- *1 Zwiebel*
- *3 Knoblauchzehen*
- *je 2 rote und gelbe Paprikaschoten*
- *3 kleine Zucchini (ca. 400 g)*
- *2 große Fleischtomaten*
- *5 EL Olivenöl*
- *1/2 Bund Thymian*
- *1 Lorbeerblatt*
- *12 Lammkoteletts (je ca. 60 g)*
- *1 Zweig Rosmarin*
- *Pfeffer*

ZUBEREITUNGSZEIT: 40 MIN.
PRO PORTION ETWA: 2900 KJ/690 KCAL

1 Die Aubergine waschen und 1 cm groß würfeln. Mit Salz bestreuen. Die Zwiebel schälen, halbieren und in Spalten schneiden. 2 Knoblauchzehen schälen und in Scheiben schneiden. Die Paprikaschoten waschen, putzen und in kleine Rauten schneiden. Die Zucchini waschen und ohne die Stielansätze in Scheiben schneiden. Die Tomaten mit kochendem Wasser überbrühen, häuten und in Würfel schneiden.

2 Die Auberginenwürfel mit Küchenpapier trockentupfen. In einer Pfanne in 2 EL Öl goldbraun braten. Auf Küchenpapier abfetten lassen. 1 EL Öl in die Pfanne geben. Zwiebeln und Knoblauch darin 1 Min. anbraten. Paprikaschoten und Zucchini 3 Min. mitbraten. Auberginen- und Tomatenwürfel, Thymian und Lorbeerblatt dazugeben, zugedeckt bei mittlerer Hitze 20 Min. schmoren lassen. Mit Salz und Pfeffer würzen.

3 In einer Pfanne jeweils 1 EL Öl erhitzen, die letzte Knoblauchzehe zerdrücken, mit dem Rosmarinzweig in die Pfanne geben. Die Lammkoteletts portionsweise auf jeder Seite etwa 2 Min. braten. Salzen und pfeffern. Das Ratatouille auf vier angewärmte Teller verteilen, die Lammkoteletts darauf anrichten. Dazu passen Backofenkartoffeln vom Blech, Reis oder Couscous.

# LAMMFLEISCH

## *– überraschend vielseitig*

Sie haben bisher nur Lammkoteletts ausprobiert? Wie schade! Das Lamm bietet so viele schmackhafte Stücke: Rücken und Keule ergeben saftige Braten für besondere Gelegenheiten, das ausgelöste Rückenfilet und die Schulter bieten mageres Fleisch für Kurzgebratenes und feine Eintöpfe, und die Haxln oder Stelzen sind eine wunderbare Grundlage für herzhafte Schmorgerichte.
Lammfleisch ist kalorienarm (magere Teile haben nur etwa 120 kcal pro 100 Gramm) und reich an Mineralstoffen, hat kurze, zarte Fasern und einen fein-würzigen Geschmack. Am besten ist natürlich frisches Lammfleisch aus der Region, aber auch Tiefkühlware z. B. aus Neuseeland ist in Ordnung. Es lässt sich mit nahezu allen Gemüsen und Kräutern kombinieren (Rezepte auf S. 18/19).
Lassen Sie sich von den Rezepten dieses Büchleins unbedingt zu neuen eigenen Kreationen inspirieren. Viel Spaß dabei!

# SALAT MIT LAMMSTREIFEN

➤ raffiniert

Prima als Vorspeise oder als leichtes sommerliches Abendessen

*Zutaten für 4 Personen:*

- *1 Kopf Salat (z. B. Novita)*
- *1 kleiner Kopf Radicchio*
- *1 kleine Fenchelknolle*
- *1 Schalotte*
- *Salz • Pfeffer*
- *3 EL weißer Aceto Balsamico*
- *5 EL Olivenöl*
- *400 g Lammrückenfilet*
- *2 Knoblauchzehen*
- *1 kleine Dose Mais (140 g Abtropfgewicht)*

ZUBEREITUNGSZEIT: 20 MIN.
PRO PORTION ETWA: 1520 KJ/360 KCAL

1 Die Salate waschen und in mundgerechte Stücke zupfen. Den Fenchel waschen, putzen und in feine Streifen schneiden.

2 Für die Salatsauce die Schalotte schälen und sehr fein hacken. Mit Salz, Pfeffer und Balsamessig verrühren. 3 EL Olivenöl hinzufügen und unterrühren, bis eine cremige Sauce entsteht.

3 Das Lammfleisch in schmale Streifen schneiden. Das restliche Öl in einer Pfanne erhitzen, 1 Knoblauchzehe ungeschält zerdrücken und hinzufügen. Die Lammstreifen darin etwa 3 Min. braten.

4 Vier Teller mit einer halbierten Knoblauchzehe einreiben. Salat und Fenchelstreifen darauf anrichten. Den Mais abtropfen lassen und darüber streuen.

5 Die gebratenen Lammstreifen salzen und pfeffern und auf die Teller verteilen. Salat und Fleisch mit der Salatsauce überziehen. Dazu schmecken knuspriges Baguette und ein leichter Rotwein.

! **TIPP:** Mögen Sie Leber? Lammleber ist besonders zart und fein im Geschmack. Braten Sie sie wie die Lammfiletstreifen kurz in Olivenöl und fügen kurz vor Ende der Bratzeit 1 TL Honig und 1 TL Aceto Balsamico hinzu. Eine Delikatesse!

# LAMMHAXLN MIT GEMÜSE

➤ **für Gäste**

Schmorgerichte brauchen Zeit, schmecken aber unwiderstehlich

*Zutaten für 4 Personen:*

- *2 Möhren*
- *4 Stangen Staudensellerie*
- *2 Zwiebeln*
- *5 Knoblauchzehen*
- *4 Lammhaxln*
- *Salz • Pfeffer*
- *2 EL Mehl*
- *2 EL Olivenöl*
- *400 ml Lammfond*
- *3 Zweige Rosmarin*
- *1 Dose stückige Tomaten*
- *1 unbehandelte Zitrone*
- *1 Bund Petersilie*

ZUBEREITUNGSZEIT: 2 STD.
PRO PORTION ETWA: 2030 KJ/480 KCAL

1 Das Gemüse waschen, putzen und klein schneiden. Die Zwiebeln und 3 Knoblauchzehen schälen und hacken.

2 Den Backofen auf 180° vorheizen. Die Lammhaxln von Häutchen und Sehnen befreien, salzen, pfeffern und mit Mehl bestäuben. In einem großen Bräter das Öl erhitzen. Die Lammhaxln darin goldbraun anbraten, herausnehmen.

3 Das geschnittene Gemüse, die Zwiebeln und den Knoblauch in den Bräter geben und einige Minuten anrösten. Mit dem Lammfond ablöschen, die Lammhaxln und die Rosmarinzweige hineingeben und im Ofen (unten, Umluft 160°) 1 Std. schmoren lassen, dabei gelegentlich wenden.

4 Die Tomaten angießen und 30–40 Min. weiterschmoren lassen. Die Zitrone waschen, die Schale fein abraspeln. Die Petersilie waschen, die Blättchen hacken. Die restlichen Knoblauchzehen schälen und fein hacken. Alles vor dem Servieren unter die Sauce ziehen. Dazu passen breite Bandnudeln oder Polenta.

**TIPPS:** Ihre Gäste verspäten sich? Kein Problem! Lassen Sie die Lammhaxln einfach bei 120° weiterschmoren, das Fleisch wird nur noch zarter. Als schnelle Alternative (etwa 1 Std. Garzeit) bereiten Sie mit Lammbeinscheiben ein »Lamm-Ossobuco« zu.

# KLASSISCHE LAMMKEULE

➤ **gelingt sicher**

Keine Angst vor großen Braten, die Keule brät fast von allein

*Zutaten für 6 Personen:*

- *5 Knoblauchzehen*
- *1 Bund Rosmarin*
- *2 unbehandelte Zitronen*
- *1 Lammkeule (ca. 1,8 kg, beim Metzger vorbestellen)*
- *4 EL Olivenöl*
- *Salz • Pfeffer*
- *1 kg Kartoffeln*
- *3 junge Knoblauchknollen*

ZUBEREITUNGSZEIT: 1 STD. 20 MIN.
MARINIERZEIT: 24 STD.
PRO PORTION ETWA: 2920 KJ/700 KCAL

1 Den Knoblauch schälen und in Scheiben schneiden. Die Hälfte des Rosmarins waschen, die Nadeln abstreifen. Die Zitronen waschen und in Scheiben schneiden. Die Lammkeule rundherum mit 3 EL Olivenöl einreiben und mit Knoblauch- und Zitronenscheiben sowie mit Rosmarinnadeln belegen. In einen Plastikbeutel wickeln, 24 Std. im Kühlschrank marinieren.

2 Den Backofen auf 200° vorheizen. Die Lammkeule aus dem Beutel nehmen und die Marinade abkratzen. Die Keule kräftig salzen und pfeffern und auf die Fettpfanne legen. Eine Tasse Wasser angießen. Die Keule 30 Min. braten (Mitte, Umluft 180°), bis die Haut Farbe bekommt.

3 Inzwischen die Kartoffeln schälen und in Stücke schneiden. Den restlichen Rosmarin waschen, die Nadeln von den Zweigen streifen. Die Knoblauchknollen quer halbieren. Kartoffeln, Rosmarinnadeln und Knoblauch in einer Schüssel mit dem restlichen Olivenöl mischen.

4 Die Lammkeule wenden. Kartoffeln und Knoblauch mit in die Fettpfanne geben. Weitere 40 Min. braten. Dann die Lammkeule am Knochen einstechen: Wenn der Bratensaft klar ist, ist sie fertig, ist er noch blutig, weitere 5–10 Min. braten.

5 Die Lammkeule aus dem Ofen nehmen, 10 Min. abgedeckt ruhen lassen. Das Fleisch quer zur Faser vom Knochen schneiden und mit den Kartoffeln und dem Knoblauch servieren. Dazu passen außerdem alle Beilagen von Seite 18 und 19 und ein vollmundiger Rotwein, z. B. Chianti classico.

# GEFÜLLTE LAMMKEULE

➤ **raffiniert**

Ein Festessen für besondere Anlässe – und besondere Gäste

*Zutaten für 6 Personen:*

- *50 g Pinienkerne*
- *1 Bund Bärlauch*
- *50 g Parmesan im Stück*
- *6 EL Olivenöl*
- *Salz • Pfeffer*
- *1 Lammkeule ohne Knochen (ca. 1,5 kg, vom Metzger auslösen lassen)*
- *6 Anchovisfilets*
- *1/2 Flasche trockener Weißwein (375 ml, ersatzweise Lammfond)*
- *400 ml Lammfond (aus dem Glas)*
- *1 EL heller Saucenbinder*
- *Außerdem: Küchengarn*

ZUBEREITUNGSZEIT: 1 STD. 30 MIN.
PRO PORTION ETWA: 3600 KJ/860 KCAL

1 Die Pinienkerne in einer Pfanne ohne Fett goldbraun rösten. Den Bärlauch waschen, die Stiele entfernen, die Blätter grob schneiden. Den Parmesan etwas zerkleinern. Pinienkerne, Bärlauch und Parmesan im Mixer fein pürieren, 3 EL Olivenöl hinzufügen und mit Salz und Pfeffer würzig abschmecken.

2 Die Lammkeule ausbreiten und auf der Innenseite mit dem Bärlauchpesto bestreichen. Mit Küchengarn zu einer festen Rolle binden. Salzen und pfeffern. Die Anchovisfilets rund um die Keule verteilt unter das Küchengarn schieben.

3 Den Backofen auf 200° vorheizen. Das restliche Öl in einem Bräter erhitzen und die gefüllte Keule sorgfältig von allen Seiten goldbraun anbraten. Mit der Hälfte des Weins ablöschen und vollständig einkochen lassen. Den restlichen Wein dazugeben und den Bräter in den Ofen geben (unten, Umluft 180°). Die Keule insgesamt 1 Std. braten, regelmäßig wenden und nach und nach den Lammfond angießen.

4 Die gefüllte Lammkeule herausnehmen, 10 Min. zugedeckt ruhen lassen. Die Sauce mit dem Saucenbinder binden, abschmecken und zu der in Scheiben geschnittenen Keule servieren. Dazu passen Safranreis, in Butter geschwenkte Zuckerschoten und Weißwein (z. B. ein Trebbiano).

# MILCHLAMMSCHULTER

➤ **für Festtage**

Das traditionelle Ostergericht in Griechenland, Italien und Spanien

*Zutaten für 4 Personen:*

- *2 Milchlammschultern (je ca. 600 g, mit Knochen, beim Metzger vorbestellen)*
- *Salz • Pfeffer*
- *1 Zwiebel*
- *2 Knoblauchzehen*
- *4 EL Olivenöl*
- *3 EL Pinienkerne*
- *800 ml Lammfond (aus dem Glas)*
- *je 1 Zweig frischer Salbei und Rosmarin*
- *1 Lorbeerblatt*
- *250 g Kirschtomaten*
- *200 g kleine schwarze Oliven*

ZUBEREITUNGSZEIT: 1 STD. 20 MIN.
PRO PORTION ETWA: 2280 KJ/540 KCAL

1 Die Milchlammschultern von Häutchen und Sehnen befreien, salzen und pfeffern. Zwiebel und Knoblauch schälen und hacken.

2 Den Backofen auf 200° vorheizen. Das Öl in einem großen Bräter erhitzen und die Schultern darin von allen Seiten goldbraun anbraten. Zwiebel, Knoblauch und Pinienkerne kurz mitrösten, mit 200 ml Lammfond ablöschen. Die Kräuterzweige und das Lorbeerblatt einlegen und im vorgewärmten Backofen (unten, Umluft 180°) 45 Min. offen braten. Das Fleisch regelmäßig mit Bratfond beschöpfen. Immer wenn dieser eingekocht ist, mit Lammfond aufgießen.

3 Die Kirschtomaten waschen, die Stielansätze mit einem scharfen Messer entfernen. Tomaten mit den Oliven in den Bräter geben, etwa 15 Min. mitschmoren lassen. Das Fleisch vor dem Tranchieren 10 Min. zugedeckt ruhen lassen. Quer zur Faser in Scheiben vom Knochen schneiden und auf angewärmten Tellern mit der Tomaten-Olivensauce servieren. Dazu schmecken Rosmarinkartoffeln oder knuspriges Weißbrot.

! **VARIANTE:** Von 8 mittelgroßen Artischocken die äußeren harten Blätter entfernen. Mit einem Teelöffel das »Heu« aus der Mitte herauskratzen, die Stiele schälen. Die Artischocken vierteln und mit 3 EL frischen Thymianblättchen, der abgeriebenen Schale und dem Saft einer unbehandelten Zitrone (statt Oliven und Tomaten) in den letzten 15 Min. mitschmoren.

# LAMM MIT MINZSAUCE

➤ very british

Würziger Weinsud bringt das zarte Lammaroma voll zur Geltung

*Zutaten für 6 Personen:*

- *1 Lammkeule ohne Knochen (ca. 1,5 kg, vom Metzger auslösen lassen)*
- *Salz • 1 Möhre*
- *1 Stück Sellerieknolle*
- *1 kleine Stange Lauch*
- *1 Flasche trockener Weißwein (750 ml, ersatzweise Brühe)*
- *1 Lorbeerblatt*
- *1 EL schwarze Pfefferkörner*
- ***Für die Minzsauce:***
- *2 Bund frische Minze*
- *1/2 TL Salz • 1 TL Zucker*
- *3 EL Weißweinessig*
- *1 EL Olivenöl*
- *Außerdem: Küchengarn*

ZUBEREITUNGSZEIT: 1 STD. 30 MIN.
PRO PORTION ETWA: 2890 KJ/690 KCAL

1 Die Lammkeule innen salzen und mit Küchengarn zu einer Rolle binden. Möhre, Sellerie und Lauch waschen, putzen und grob hacken. Die Lammrolle probehalber in einen nicht zu großen Suppentopf geben und den Weißwein angießen. So viel Wasser hinzufügen, dass das Fleisch ganz bedeckt ist. Das Fleisch wieder herausnehmen.

2 Gemüse, Lorbeerblatt, Salz und Pfefferkörner in den Topf geben und einmal aufkochen lassen. Das Fleisch einlegen. Wenn der Sud wieder zu kochen beginnt, die Temperatur zurückschalten und das Fleisch bei kleiner Hitze in etwa 1 Std. gar ziehen lassen.

3 Währenddessen die Sauce zubereiten: Die Minze waschen, die Blättchen abzupfen und sehr fein hacken. Salz und Zucker in 1 EL heißem Wasser auflösen und mit dem Essig und dem Öl unter die Kräuter rühren. 30 Min. ziehen lassen.

4 Das Lammfleisch aus dem Sud heben und abgedeckt 10 Min. ruhen lassen. In dünne Scheiben schneiden und mit der Minzsauce servieren.

**VARIANTE:** Für eine »Salsa verde« 2 Bund fein gehackte gemischte Kräuter (Petersilie, Basilikum, Kerbel, Minze, Schnittlauch) mit 1 gepressten Knoblauchzehe, 6 gehackten Anchovisfilets, 1 TL Dijonsenf, 3 EL Essig, Salz, Pfeffer und 4 EL Olivenöl verrühren.

## Bohnen mit Speck

1 400 g grüne Bohnen (z. B. Keniabohnen) waschen und eventuelle Fäden entfernen. 5 Min. in kochendem Salzwasser blanchieren, abgießen und sofort in Eiswasser geben.

2 Die Bohnen zu 8 Bündeln teilen, jeweils mit 1 Streifen Frühstücksspeck umwickeln. In der Pfanne in 1 EL Butter sanft erwärmen, bis der Speck etwas Farbe annimmt. Nach Geschmack pfeffern.

## Gefüllte Tomaten

1 8 mittelgroße, reife Tomaten waschen. Oben jeweils eine Kappe abschneiden und die Tomaten mit einem Löffel aushöhlen. Umgedreht auf Küchenpapier gut abtropfen lassen.

2 1 kleines Bund Bärlauch waschen und in feine Streifen schneiden. Mit 250 g Ricotta verrühren, salzen und pfeffern. Tomaten damit füllen, die Deckel aufsetzen. Bei 200° (Mitte, Umluft 180°) 30 Min. backen.

## Thymianzwiebeln

4 mittelgroße rote Zwiebeln schälen. Die Zwiebeln an der Unterseite gerade schneiden, damit sie stehen. Oben kreuzförmig bis zur Mitte einschneiden und etwas auseinander biegen.

Die Blättchen von 1/2 Bund Thymian abstreifen. Mit 100 g Butter und etwas Salz verkneten. Die Zwiebeln damit füllen. In einer feuerfesten Form bei 225° (Mitte, Umluft 200°) 45 Min. backen.

## Zucchinigratin

1 500 g Zucchini in feine Stifte, 1 Bund Frühlingszwiebeln in Ringe schneiden. 1 Kartoffel schälen und raspeln. Alles vermischen und mit Salz, Pfeffer und geriebener Muskatnuss würzen.

2 150 g milden Schafkäse zerbröseln und mit 200 g Sahne unterrühren. In eine gefettete Auflaufform geben. 2 EL Pinienkerne darüber streuen. Bei 200° (Mitte, Umluft 180°) in 30 Min. goldbraun backen.

# LAMMRÜCKEN MIT KRÄUTERKRUSTE

➤ macht was her

Genau das Richtige für ein Fest mit Freunden oder der Familie

*Zutaten für 6 Personen:*

- *3 Bund gemischte Kräuter (Thymian, Rosmarin, Lavendel, Petersilie, Salbei)*
- *2 Scheiben Toastbrot*
- *1 Knoblauchzehe*
- *2 EL frisch geriebener Parmesan*
- *1 El Pinienkerne*
- *5 EL Olivenöl*
- *2 Eiweiße*
- *Salz • Pfeffer*
- *1 Lammrücken (ca. 2 kg, vorbestellen, die Rippenknochen vom Metzger freischaben lassen)*

ZUBEREITUNGSZEIT: 1 STD.
PRO PORTION ETWA: 1680 KJ/400 KCAL

1 Die Kräuter waschen, die Blättchen abzupfen und sehr fein hacken. Das Toastbrot fein zerbröseln. Die Knoblauchzehe schälen und dazupressen. Alles mit dem Parmesan, den Pinienkernen, 2 EL Öl und den Eiweißen zu einer Paste verrühren, salzen und pfeffern.

2 Den Ofen auf 220° vorheizen. Den Lammrücken mit Salz und Pfeffer würzen. In einem Bräter im restlichen Öl von beiden Seiten anbraten. Im Ofen 20 Min. (Mitte, Umluft 200°) braten. Herausnehmen, die Kräuterpaste darauf verteilen und fest andrücken (geht am besten mit den Händen). Weitere 10–15 Min. im Ofen braten, bis die Kruste Farbe bekommt.

3 Vor dem Anschneiden 10 Min. abgedeckt ruhen lassen. Mit einem scharfen Messer am Knochen entlang schneiden und die Rückenfilets auslösen. In Scheiben schneiden und auf vorgewärmten Tellern servieren. Dazu passen Kartoffelgratin und alle Beilagen von Seite 18 und 19.

**!** **TIPP:** Wenn Ihnen die Sache mit dem Lammrücken zu kompliziert erscheint, hier eine supereinfache Variante: Pro Person 3 Lammkoteletts in der Pfanne auf jeder Seite 1 Min. in etwas Öl anbraten, salzen und pfeffern. Mit jeweils 1 TL Kräuterpaste bestreichen, nebeneinander auf ein gefettetes Blech geben und im Backofen bei 240° (oben, Umluft 220°) 3–5 Min. übergrillen.

# MEDAILLONS AUF SAHNE-ZUCCHINI

➤ **für Gäste**

Zum Dahinschmelzen gut ...

*Zutaten für 4 Personen:*

- *200 g Sahne*
- *100 g Crème fraîche*
- *1 EL heller Saucenbinder*
- *1 Knoblauchzehe*
- *Salz • Pfeffer*
- *Muskatnuss, frisch gerieben*
- *500 g kleine Zucchini*
- *4 EL Öl*
- *1/2 Bund Thymian (ersatzweise 1 TL getrockneter Thymian)*
- *8 Medaillons aus dem Lammrückenfilet (je ca. 70 g)*
- *3 EL grob geraspelter Parmesan*

ZUBEREITUNGSZEIT: 50 MIN.
PRO PORTION ETWA: 2330 KJ/550 KCAL

1 Sahne und Crème fraîche in einen kleinen Topf geben und 10 Min. offen köcheln lassen. Den Saucenbinder einrühren, damit eine sämige Sauce entsteht. Die Knoblauchzehe schälen und dazupressen. Mit Salz, Pfeffer und Muskat würzig abschmecken. Zur Seite stellen.

2 Die Zucchini waschen und in 1/2 cm dicke Scheiben schneiden. In einer großen Pfanne 2 EL Öl erhitzen und die Zucchini darin knapp gar braten (sie sollen etwas Farbe, aber noch Biss haben). Den Thymian von den Zweigen streifen, hinzufügen. Salzen und die Sahnesauce unterrühren. In eine feuerfeste Auflaufform geben und verteilen.

3 Den Ofen auf 220° vorheizen. Die Lammmedaillons etwas flach drücken, salzen und pfeffern. Das restliche Öl in einer Pfanne erhitzen und die Medaillons darin auf jeder Seite 1 Min. anbraten. Mit etwas Abstand auf die Zucchini setzen und mit dem Parmesan bestreuen. Etwa 10 Min. überbacken (oben, Umluft 200°, wenn Sie haben, mit Grillfunktion), bis der Käse goldbraun ist.

! **TIPP:** Dazu passen diese Röstkartoffeln: 600 g kleine Kartoffeln in der Schale kochen, abkühlen lassen und pellen. In 3 EL Olivenöl goldbraun braten, aus der Pfanne nehmen. 2 EL Honig und 4 EL Aceto Balsamico in die Pfanne geben, 1 Min. köcheln lassen. Die Kartoffeln darin schwenken und salzen.

# WIRSINGROULADEN MIT LAMMHACK

➤ **deftig**

Für kalte Wintertage eine edle Version von Kohlrouladen

*Zutaten für 4 Personen:*

- *1 Kopf Wirsing (ca. 800 g)*
- *Salz*
- *1 Bund Frühlingszwiebeln*
- *1 Knoblauchzehe*
- *3 EL Öl*
- *600 g Lammhackfleisch*
- *1 unbehandelte Zitrone*
- *Pfeffer • 1 Prise Zucker*
- *1 TL getrockneter Thymian*
- *150 g Frühstücksspeck*
- *150 ml Weißwein (ersatzweise Brühe)*
- *Außerdem: 16 Holzzahnstocher*

ZUBEREITUNGSZEIT: 1 STD.
PRO PORTION ETWA: 2720 KJ/650 KCAL

1 Von dem Wirsingkopf 8 große Blätter ablösen, den Rest anderweitig verwenden. Die Rippen flach schneiden. Die Blätter in kochendem Salzwasser blanchieren, kurz in Eiswasser abschrecken und auf Küchenpapier abtropfen lassen.

2 Die Frühlingszwiebeln waschen, putzen und in Ringe schneiden. Den Knoblauch schälen und fein hacken. 1 EL Öl erhitzen, Knoblauch und Hackfleisch darin 3 Min. unter Rühren krümelig braten.

3 Von der Zitrone die Schale abreiben und die Frucht auspressen. Das Hackfleisch mit dem Zitronensaft ablöschen und weiterbraten, bis die Flüssigkeit verdampft ist. Die Frühlingszwiebeln und die Zitronenschale unterrühren und mit Salz, Pfeffer, Zucker sowie Thymian würzen.

4 Die Wirsingblätter ausbreiten, jeweils 2 EL Füllung darauf geben. Von der Strunkseite her aufrollen, dabei die Seiten einschlagen, damit die Füllung nicht herausquellen kann. Mit Zahnstochern feststecken.

5 Das restliche Öl in einem flachen Schmortopf (alle 8 Rouladen sollen darin nebeneinander Platz haben) erhitzen. Die Hälfte der Speckscheiben anbraten, die Wirsingrouladen darauf legen. Mit den übrigen Speckscheiben abdecken oder die Scheiben um die Rouladen wickeln. Den Weißwein angießen. Die Wirsingrouladen im geschlossenen Topf bei mittlerer Hitze 30 Min. schmoren lassen. Dazu schmecken Kartoffelbrei oder Salzkartoffeln und Bier.

# HACKBÄLLCHEN MIT TOMATENSAUCE

➤ **Spezialität aus Ägypten**

Die Hackbällchen passen auch – ohne Sauce – gut aufs kalte Buffet

*Zutaten für 4 Personen:*

- *2 Knoblauchzehen*
- *5 EL Olivenöl*
- *1 Dose stückige Tomaten (850 g)*
- *1 Döschen Safranfäden (0,1 g)*
- *Salz • Pfeffer*
- *2 kleine Stangen Lauch*
- *1/2 Bund frischer Koriander*
- *600 g Lammhackfleisch*
- *1 EL Reis (ungekocht)*
- *2 Eier*
- *200 ml Hühnerbrühe*
- *2 EL Mehl*

ZUBEREITUNGSZEIT: 50 MIN.
PRO PORTION ETWA: 2560 KJ/610 KCAL

1 Den Knoblauch schälen und fein hacken. In einem Topf 2 EL Öl erhitzen, den Knoblauch darin anbraten, mit den Tomaten ablöschen. Den Safran hinzufügen. 30 Min. bei kleiner Hitze köcheln lassen, gelegentlich umrühren. Salzen und pfeffern.

2 Inzwischen den Lauch putzen, gründlich waschen und sehr fein hacken. Die Korianderblätter abzupfen und fein hacken. Beides mit dem Hackfleisch, dem Reis, den Eiern und 1 EL Olivenöl verkneten, salzen und pfeffern.

3 Aus dem Fleischteig walnussgroße Bällchen formen. In einen großen Topf oder eine tiefe Pfanne geben (alle Bällchen müssen nebeneinander darin Platz haben) und die Hühnerbrühe angießen. 20 Min. bei mittlerer Hitze gar ziehen lassen. Herausnehmen und auf Küchenpapier abtropfen lassen.

4 Das restliche Öl in einer Pfanne erhitzen. Die Fleischbällchen in Mehl wälzen und im Öl goldbraun braten. Heiß mit der Safran-Tomaten-Sauce servieren.

! **VARIANTE:** Statt Tomatensauce passt auch diese würzige Aprikosensauce: 150 g getrocknete Aprikosen 2 Std. in Wasser einweichen. 10 geschälte Knoblauchzehen mit den abgetropften Aprikosen fein pürieren. 1 TL gemahlenen Koriander und 1 EL Olivenöl hinzufügen, salzen und pfeffern. Etwa 400 ml Hühner- oder Gemüsebrühe angießen, in einen Topf füllen und 5 Min. köcheln lassen.

# LAMMRAGOUT MIT APRIKOSEN

## Spezialität aus Marokko

Scharf und fruchtig – eine Kombination, die süchtig machen kann ...

*Zutaten für 4 Personen:*

- *800 g Lammfleisch (Rückenfilet, Schulter)*
- *Salz*
- *Cayennepfeffer*
- *1 EL Sesamöl*
- *200 g getrocknete Aprikosen*
- *1 Zwiebel*
- *3 Knoblauchzehen*
- *3 EL Öl*
- *200 ml Gemüsebrühe*
- *1 Bund Frühlingszwiebeln*

Zubereitungszeit: 50 Min.
Marinierzeit: 30 Min.
Pro Portion etwa: 1890 kJ/450 kcal

1. Das Fleisch in 3 cm große Würfel schneiden. Mit Salz und reichlich Cayennepfeffer würzen und mit Sesamöl beträufeln. Zugedeckt 30 Min. ziehen lassen. Die Aprikosen in eine Schüssel geben und mit lauwarmem Wasser bedecken.

2. Zwiebel und Knoblauch schälen und fein hacken. Das Öl in einem Schmortopf erhitzen. Das Fleisch darin von allen Seiten anbraten. Zwiebeln und Knoblauch hinzufügen, 5 Min. weiterbraten, bis alles goldbraun ist. Die Aprikosen abtropfen lassen, in Spalten schneiden und hinzufügen. Die Gemüsebrühe angießen. Das Fleisch zugedeckt 30 Min. bei kleiner Hitze schmoren lassen.

3. Die Frühlingszwiebeln waschen, putzen und mit dem zarten Grün schräg in Ringe schneiden. Zum Lammragout geben und noch 2 Min. offen köcheln lassen. Mit Salz und Cayennepfeffer abschmecken.

**TIPP:** Als Beilage passt Couscous mit Kichererbsen, hier eine Schnellversion: 1 kleine Dose Kichererbsen in ein Sieb geben und abbrausen. 250 ml Gemüsebrühe zum Kochen bringen, die Kichererbsen hinzufügen und 200 g Instant-Couscous einstreuen. Zugedeckt etwa 7 Min. quellen lassen, mit einer Gabel auflockern.

# LAMM MIT SPINAT

➤ **Spezialität aus Indien**

Lamm in sahniger Currysauce – eine exotische Variante

*Zutaten für 4 Personen:*

- *600 g Lammfleisch (Schulter oder Rückenfilet)*
- *2 Zwiebeln*
- *2 Knoblauchzehen*
- *1 walnussgroßes Stück frischer Ingwer*
- *4 EL Öl*
- *2 EL Madras-Currypulver*
- *1 Lorbeerblatt*
- *1 kg junger Spinat (ersatzweise 450 g TK-Spinat)*
- *Salz • Pfeffer*
- *100 g Sahne*

ZUBEREITUNGSZEIT: 1 STD.
PRO PORTION ETWA: 1570 KJ/375 KCAL

1 Das Fleisch in 3 cm große Würfel schneiden. Die Zwiebeln schälen, halbieren und in Spalten schneiden. Knoblauch und Ingwer schälen und fein hacken.

2 Das Öl in einem großen Schmortopf erhitzen. Zwiebeln, Knoblauch und Ingwer darin goldbraun anbraten. Das Currypulver und das Lorbeerblatt hinzufügen und kurz (!) mitbraten. Das Fleisch dazugeben und von allen Seiten anbraten. Zugedeckt 30 Min. bei kleiner Hitze schmoren lassen, gelegentlich umrühren.

3 Den Spinat waschen und verlesen, in einem Sieb abtropfen (oder auftauen) lassen. Zum Fleisch geben und kräftig salzen und pfeffern. Zugedeckt weiterschmoren lassen, bis der Spinat zusammengefallen ist. Die Sahne angießen, 3 Min. bei großer Hitze offen einkochen lassen. Das Lammgericht heiß mit Basmatireis servieren.

! **INFO:** Curry ist eine Gewürzmischung, die im Wesentlichen aus Kurkuma, Ingwer, Kardamom, Koriander und Kreuzkümmel besteht. Wenn Sie häufiger indisch kochen, lohnt es sich, wie die indischen Hausfrauen die Gewürze einzeln zu kaufen, jeweils in der Pfanne sanft anzurösten und im Mörser frisch zu zerstoßen.

# LAMMPÄCKCHEN MIT SCHAFKÄSE

➤ **Spezialität aus der Türkei**

Lassen Sie Ihre Gäste die duftenden Päckchen selbst bei Tisch öffnen

*Zutaten für 4 Personen:*

- *8 getrocknete Tomaten*
- *100 g Schafkäse*
- *1 TL getrockneter Oregano*
- *2 rote Zwiebeln*
- *4 Knoblauchzehen*
- *1 Aubergine*
- *2 Zucchini*
- *1 Bund Thymian*
- *4 EL Olivenöl*
- *600 g Lammfleisch (Schulter, Rückenfilet)*
- *Salz • Pfeffer*
- *150 ml Weißwein (ersatzweise Wasser)*
- *Außerdem:*
- *4 Stücke Alufolie (40 x 80 cm)*

ZUBEREITUNGSZEIT: 50 MIN.
PRO PORTION ETWA: 1680 KJ/400 KCAL

1 Die getrockneten Tomaten abtropfen lassen und klein würfeln. Schafkäse zerbröseln, mit Tomaten und Oregano verkneten.

2 Die Zwiebeln schälen, halbieren und in Spalten schneiden. Den Knoblauch schälen und in Scheiben schneiden. Die Aubergine und die Zucchini waschen und grob würfeln, die Stielansätze dabei entfernen. Den Thymian waschen, die Blättchen von den Zweigen streifen. Alles mit dem Olivenöl in eine Schüssel geben. Das Fleisch in 2 cm große Würfel schneiden, dazugeben. Alles kräftig salzen und pfeffern und gut durchmischen.

3 Den Backofen auf 220° vorheizen. Die Alufolienstücke zur Hälfte falten. Jeweils ein Viertel der Gemüse-Fleisch-Mischung darauf geben. Gewürzten Schafkäse darüber krümeln. Die Alufolie darüber schlagen, an den beiden Seiten dreifach nach oben falten. Jeweils etwas Wein hineingießen (ist wichtig für die Dampfentwicklung) und die noch offene Seite mehrfach einfalten, bis ein kompaktes Päckchen entsteht.

4 Die Päckchen aufs Backblech legen und etwa 30 Min. (Mitte, Umluft 200°) garen. Mit viel knusprigem Fladenbrot servieren, als Getränk passen Retsina oder Bier.

# EINLADEN, FEIERN, SCHENKEN!

*Hits aus der trendy Küche*

ISBN 3-7742-6325-6
*36 Seiten*

ISBN 3-7742-6327-2
*36 Seiten*

ISBN 3-7742-6052-4
*36 Seiten*

G|U

Gutgemacht. Gutgelaunt.

*Impressum*



➤ *Die Temperaturangaben* bei Gasherden variieren von Hersteller zu Hersteller. Welche Stufe Ihres Herdes der jeweils angegebenen Temperatur entspricht, entnehmen Sie bitte der Gebrauchsanweisung. Bei Elektroherden können die Backzeiten je nach Herd variieren.

*Programmleitung:* Doris Birk
*Leitende Redakteurin:* Birgit Rademacker
*Redaktion:* Sigrid Burghard
*Lektorat:* Linde Wiesner
*Umschlag- und Innenlayout:* independent Medien-Design
*Foto auf Seite 2:* Stockfood Munich
*Alle anderen Fotos:* FoodPhotography Eising / Martina Görlach
*Foodstyling:* Michael Koch
*Herstellung:* Bettina Häfele
*Satz:* EDV-Fotosatz Huber / Verlagsservice G. Pfeifer, Germering
*XML-strukturiert*
*Reproduktionen:* Penta Repro München
*Druck und Bindung:* Alcione
ISBN: 3-7742-6328-0

Auflage: 4. 3. 2. 1.
Jahr: 2007 2006 2005 2004

GRÄFE UND UNZER

*Ein Unternehmen der*
GANSKE VERLAGSGRUPPE